# LETTRE

# A M. Casimir Périer,

MINISTRE SECRÉTAIRE D'ÉTAT AU DÉPARTEMENT DE L'INTÉRIEUR,

PRÉSIDENT DU CONSEIL,

SUR LE CRI

DE VIVE LA RÉPUBLIQUE.

Vide . . . . .
Quid agas, ne neque illi prosis, et tu pereas.
TER.

MONSIEUR LE MINISTRE,

En ma qualité d'admirateur de votre nation et des exploits des héros de votre métropole, vous me pardonnerez, j'espère, si je vous fais part de mon étonnement et de mes regrets, comme *Anglais*, de voir le calme et le contentement qui devraient exister en ce moment chez vous, trop fréquemment interrompus, dans une ville regardée comme le centre de la civilisation européenne, par le cri alarmant de *vive la république!* On peut croire que ce cri part de quelques jeunes gens suivant les cours des diverses Facultés, et d'une partie du peuple entièrement étrangère aux principes, et à l'application du gouvernement de l'Etat. Que les uns soient excités par les nobles sentimens sur la liberté qu'ils ont sous les yeux dans l'étude des auteurs de l'antiquité, rien de plus naturel; mais il est à déplorer que leur enthousiasme prenne plutôt pour guide ce qu'il y a de *poétique* dans les anciens que l'*histoire* de leurs gouvernemens qu'ils ont lue avec trop peu d'attention. Ils verront après une méditation sérieuse que le système de gouvernement républicain ne peut plus être regardé par les esprits sages comme un œuvre parfait: et que, surtout dans notre siècle, ce système n'est nullement applicable à un *grand Etat* comme la France. Le mot de république dans la bouche du peuple n'est que l'expression d'une idée fausse; savoir, que cette forme de gouvernement serait la plus propre à satisfaire ses intérêts comme ses besoins.

Dans l'espérance d'être utile aux uns et aux autres, j'ai l'intention de leur présenter un tableau *

* Il n'est pas nécessaire de dire que dans l'esquisse que je présente de chaque Etat, je me borne à en tracer les principes *politiques;* je ne m'occupe pas de ses autres élémens

des gouvernemens *populaires* dont on a jusqu'ici fait l'expérience. J'en appelle à leur jugement, et je demande s'ils oseraient en introduire aucun dans leur propre pays à l'époque où nous sommes. Je suis persuadé qu'ils ne tarderont pas à convenir qu'ils ont poursuivi un fantôme, et leur enthousiasme s'évanouira avec lui. Il faut se garder de croire que tous les pays dans lesquels on vantait la *liberté* fussent *libres*. L'histoire prouve le contraire; car il est ordinaire aux hommes de s'exagérer le prix d'une chose qu'ils ne possèdent pas. Les plus beaux hymnes à la liberté furent chantés sous la tyrannie. Pindare chez Hiéron, Virgile à la cour d'Auguste, l'auteur de la *Pharsale* à celle de Néron : que de beaux vers inspirés par l'amour de la patrie devant des monstres dont l'humanité avait à rougir! Corneille retraçait en vers immortels les vertus et la magnanimité de l'ancienne Rome, dans le temps que la France pliait sous le despotisme d'un Roi bigot; d'un Roi qui croyait venger la religion par le massacre des Cévennes, et rehausser la gloire de l'Etat par l'incendie du Palatinat.

La première république connue est celle d'*Israël*, à laquelle Moïse donna des lois.

Après sa sortie d'Egypte, Israël s'établit dans la terre de Canaan, et là il fut assigné un héritage à chaque famille.

Moïse divisa le peuple en douze tribus.

Le *chef*, ou prince, de chaque tribu reçut une somme d'argent pour lui et ses héritiers.

On donna pareillement à dix des plus considérables de l'Etat, après le prince, une somme moindre pour eux et leurs descendans, avec le titre héréditaire de *patriarche*.

Il ne fut permis à personne de vendre, ou céder son héritage; on ne pouvait que l'engager. Chaque *cinquantième* année (l'an du Jubilé) toutes les terres vendues ou aliénées rentraient dans les mains de leurs anciens possesseurs.

Parmi ces douze tribus celle de *Lévi* ne reçut point de terre, et il ne lui fut point permis d'en posséder. On lui accorda la *dîme* annuellement perçue sur tous les produits du sol, ainsi qu'une somme d'argent distribuée chaque année sous le nom d'offrande. La tribu des prêtres avait pour chef le souverain sacrificateur.

La principale loi, tout à la fois civile et religieuse, consistait dans le *Décalogue*. Les prêtres furent d'abord les chefs des magistratures.

Le chef de chaque tribu, avec une ou plusieurs cours de justice, consistant en un certain nombre de juges élus à vie par le peuple, formait le *gouvernement exécutif* de cette tribu.

Tout le peuple choisissait soixante-dix anciens des différentes tribus; c'était là le *sénat* de la république. On l'appela *Sanhedrin*. Ses fonctions étaient à vie.

Chaque tribu faisait choix de deux mille citoyens, qui se réunissaient dans la métropole, comme représentant le peuple.

Le sénat était une cour d'appel de toutes les autres cours, ayant le pouvoir de porter des décrets, qu'on regardait comme la loi de Dieu. En outre, tout ce qui était proposé par le sanhedrin et adopté par les représentans du peuple, était regardé comme une loi de la nation.

Les preuves de cette forme de gouvernement se trouvent aujourd'hui dans le *Pentateuque* spécialement, et dans les livres bibliques. Ce qu'elle offre de singulier, c'est qu'elle s'applique tout à la fois à une société religieuse, civile et militaire. Si l'on peut avoir foi dans la *légation divine* de Moïse, légation qui a exercé le génie du célèbre Warburton, évêque de Glocester, on doit regarder le gouvernement qu'il a institué comme purement théocratique (*de jure divino*). Quelle que puisse être son origine, il est évident que cette sorte de gouvernement ne saurait aujourd'hui convenir à aucune nation de l'Europe, si ce n'est aux débris dispersés du peuple d'Israel.

### DE LA RÉPUBLIQUE DE SPARTE.

Quand Lycurgue changea le gouvernement de Sparte, il commença par persuader à toutes les classes de citoyens de faire abandon de leurs biens en faveur de l'Etat.

Le territoire de la Laconie fut divisé en lots égaux, dont deux plus considérables furent assignés comme apanage aux deux familles dans lesquelles on choisissait les rois *.

* La difficulté de donner une définition exacte des noms grecs nous oblige de nous servir des termes analogues dans nos langues modernes. Mais entre un Roi de Sparte et un Roi absolu la différence était énorme. Les deux Rois dont il s'agit n'avaient pas ensemble plus de pouvoir qu'un doge de Gênes.

Ces lots ou portions de terre furent distribués au peuple. Chaque homme possédant un lot fut citoyen.

Le reste de la population, sous le nom de *ilotes* (helotæ), était destiné à la culture des terres.

Il fut défendu aux citoyens de se livrer à l'étude d'aucune science, ou à la profession d'aucun art mécanique. Lycurgue n'avait voulu faire des Spartiates qu'un peuple de soldats.

L'usage de toute espèce de monnaie fut interdit, à l'exception de celle de fer.

La royauté fut conservée dans les deux familles qui en étaient en possession héréditaire. Les Rois étaient à la tête de la religion, et présidaient le sénat, avec voix délibérative. En temps de guerre, ils commandaient les armées.

Le sénat était composé, outre les deux Rois, de vingt-huit sénateurs ou vieillards (gérontes) élus à vie par le peuple.

Toute mesure proposée par le sénat au peuple assemblé, et adoptée par celui-ci, avait force de loi.

Après Lycurgue, et pour contenir les usurpations de la royauté, un tribunal fut institué par le peuple connu sous le nom de tribunal des éphores. Les éphores étaient au nombre de cinq, et nommés tous les ans. Ils avaient le droit de punir les Rois, les sénateurs et tout citoyen coupables envers les lois de l'Etat.

Ce système politique pouvait être essayé dans un Etat dont les mœurs étaient relâchées, le territoire restreint, et la population n'excédant pas trente mille habitans. C'est le seul exemple que nous ait transmis l'histoire du succès d'une expérience qui, depuis, n'a été tentée nulle part. Quand Lycurgue fut appelé par la voix universelle à la réformation de l'Etat, « les désordres de Sparte, dit Plutarque, » s'étaient si prodigieusement accrus qu'ils n'étaient » plus tolérables. Les Rois sans autorité; les lois im- » puissantes; l'anarchie à son comble. » Telle était la situation de la république, menacée d'une entière subversion. Son projet, cependant, n'aurait pas eu l'assentiment de la nation, si cette nation n'avait pas été ignorante et superstitieuse. Lycurgue s'était habilement ménagé une réponse de l'oracle de Delphes, qui donna la sanction du ciel à sa nouvelle législation. Toute opposition à une telle autorité aurait passé pour une impiété manifeste. Ces lois s'appliquèrent fort bien à une population peu nombreuse, et la moins avancée de la Grèce en civilisation; mais elles contenaient un *principe* que toute personne éclairée doit regarder comme un vice radical: elles furent un obstacle aux améliorations progressives vers lesquelles l'homme tend à marcher. Il fut défendu à Sparte d'avoir aucune communication avec les étrangers. On a vu ci-dessus qu'il était défendu aux citoyens de se livrer à aucun art* ou profession mécanique. Ils n'avaient aucun droit personnel qui ne fût une délégation de la loi. La loi intervenait jusque dans le bonheur domestique. On

* Plutarque dit (Vit. Lycurgue) qu'il fut impossible de trouver à Lacédémone un orateur, un devin, un proxenète ou un orfèvre, après que Lycurgue y eut introduit son *bill de reforme*.

ne pouvait se livrer, sans une sorte de contrainte, aux plus doux sentimens de la nature. Il n'était pas même permis d'employer son temps à son gré. La loi rendait les hommes esclaves, et, malgré tant de sacrifices, le *peuple* n'avait que peu de pouvoir dans l'Etat. Ce pouvoir était dans les mains du sénat : et comme la dignité de sénateur était *à vie*, le corps abusa bientôt de son autorité. Le peuple trouva qu'au lieu de deux Rois, comme avant la réformation de Lycurgue, on lui avait imposé *trente* maîtres auxquels il était contraint à obéir. Le gouvernement fut une véritable *oligarchie*. Quoique Lycurgue eût jeté dans le peuple les fondemens de son édifice politique, il évitait soigneusement de lui donner les formes de la *démocratie*. On lui demanda pour quelle raison il n'avait pas institué un gouvernement *démocratique*, il répondit : « Faites-en l'épreuve dans votre propre maison. »

Le plus grand ou plutôt le seul mérite du système de Lycurgue fut dans un principe de *conservation*. Par une sage précaution, il ôta au peuple le droit de parler sur les affaires publiques dans les comices : droit qui fut la ruine des autres Etats helléniques. C'est la seule raison qui maintint Lacédémone plus long-temps qu'aucune autre république grecque. Il est bien digne de réflexion cependant qu'un tel système, non de liberté publique, mais plutot de *contrainte individuelle*, ne pouvait pas durer un seul jour sans la co-existence de l'*esclavage* le plus atroce et le plus systématique que l'univers ait jamais connu; situation politique par laquelle Lacédémone fut à la fois déshonorée et mise constamment en péril. Jamais la dignité de la nature humaine fut-elle dégradée à ce point ? Y eut-il sur la terre une condition plus misérable que celle des *ilotes?* Réduits à l'esclavage par droit de conquête, leur condition était rendue plus dure par les lois mêmes auxquelles obéissait le vainqueur. Quels prodigieux changemens ne faudrait-il pas faire subir aux mœurs des nations modernes afin de pouvoir leur appliquer une pareille forme de gouvernement! Une nation industrieuse et polie voudrait-elle renoncer tout à coup à l'habitude du travail et à la culture des arts? Un pays, riche de ses capitaux et des produits d'un sol fécond, pourrait-il consentir à mettre ses biens en commun pour en faire au peuple une aventureuse répartition?

## RÉPUBLIQUE D'ATHÈNES.

Suivant la législation de Solon, les représentans du peuple * étaient au nombre de cinq mille.

Ceux-ci choisissaient annuellement au scrutin un sénat composé de quatre cents citoyens, et une administration de neuf chefs ou princes, ayant le titre d'archontes.

Un conseil d'Etat était en permanence pour le courant des affaires publiques. Ce conseil était composé de cent membres pris dans le sénat, et servant par trimestre.

* Les citoyens qui dans l'assemblée du peuple avaient droit de suffrage.

Le conseil d'Etat assemblait le sénat, et lui proposait les projets de lois : le sénat, à son tour, assemblait le peuple, et lui soumettait ces projets de lois. Tout projet, présenté par le sénat et adopté par le peuple, avait force de loi.

Le *pouvoir exécutif* fut spécialement divisé en diverses branches, et mis entre les mains des *archontes.*

On voit que ce plan de gouvernement fut basé sur un principe diamétralement opposé à celui de Lycurgue. Ici le *peuple* fut souverain dans ses assemblées. Tout citoyen d'Athènes avait le droit de *discuter* autant que de voter : on peut imaginer les effets d'un tel droit confié à une assemblée de cinq mille personnes. Une telle assemblée était le plus ordinairement le théâtre du plus violent tumulte. La barrière, élevée par le législateur contre une force si redoutable, ne fut pas capable d'arrêter sa violence, ou de la contenir dans de justes limites. Le *sénat*, élu au scrutin, et changé *tous les ans*, n'était pas toujours composé de ce qu'on peut appeler *l'aristocratie naturelle* d'un pays, c'est-à-dire, de ses supériorités sociales. Comme ses membres étaient plutôt choisis suivant le caprice de la multitude, qu'en raison de leurs lumières ou de leurs talens, il en résultait que l'administration de l'Etat était souvent livrée à l'intrigue et à l'inexpérience. L'exercice des fonctions du sénat ne durait pas assez long-temps pour donner à ses membres une connaissance suffisante des affaires. D'ailleurs les lois ne lui donnaient pas assez d'autorité pour empêcher la multitude de se livrer à de coupables excès : aussi la république était-elle dans une agitation presque permanente. Il est difficile, en vérité, d'imaginer une forme de gouvernement plus irrégulière et plus susceptible d'être dérangée par la nature même des moyens employés pour le maintenir. Son défaut ridicule consistait dans l'énormité du pouvoir populaire. Les contre-poids que le génie de Solon tenta de lui opposer furent inutiles : sa popularité même, tant qu'il vécut, ne put protéger ses lois contre les factions qui déchirèrent son pays. Ainsi un pouvoir sans limite et sans responsabilité, se trouvant confié aux mains les moins capables de l'exercer avec sagesse, l'édifice de ce grand législateur, après avoir subi toutes les modifications qu'il plut au caprice de la multitude d'y introduire, fut entièrement renversé et détruit par l'anarchie de ceux qui devaient veiller à sa conservation.

Quel sujet plus digne de méditation que celui qui nous montre le génie de Solon impuissant pour construire une *démocratie* sur une base solide et durable! et cela avec une population * bornée, des mœurs analogues, et les traditions des miracles que la liberté avait enfantés sur ce sol!

### LA RÉPUBLIQUE ROMAINE.

Dans les premiers temps, la nation était divisée

* D'après un *cens* des citoyens, pris par Périclès environ *un siècle* après la mort de Solon, le nombre fut 14,040 (Plut. Vit. Pericl.)

en deux ordres : les patriciens (la noblesse), et les plébéiens (le peuple).

L'administration de l'Etat était confiée au sénat, composé de trois cents patriciens, dont les fonctions étaient à vie.

Deux magistrats, pris dans l'ordre des patriciens, mais élus tous les ans par le peuple, présidaient le sénat, et commandaient les armées, sous le nom de consuls.

Indépendamment de ces magistrats annuels, le peuple faisait choix de deux censeurs, élus pour cinq ans, et dont les fonctions, plus relatives aux mœurs qu'à l'administration, consistaient surtout dans la surveillance de la conduite des citoyens.

Le sénat nommait un dictateur dans les conjonctures difficiles de l'Etat, lequel était investi du pouvoir souverain : il fut, dans l'origine, choisi dans l'ordre de patriciens : l'exercice de la censure était limité à six mois.

Les autres magistrats, tels que édiles, tribuns, préteurs, questeurs, etc., étaient élus par le peuple.

Le peuple entier était divisé en tribus.

La loi émanait du concours du sénat et du peuple : quand le sénat délibérait seul, ses décisions s'appelaient *sénatus-consulte;* quand le sénat portait ses délibérations au peuple assemblé, l'assemblée prenait le nom de comices. On recueillait les voix par tribus ou par centuries, et la loi, consentie par le peuple, s'appelait *plébiscite.*

Cette forme de gouvernement, si petit que fût l'Etat auquel elle était appliquée, contenait dans ses dispositions des germes de division, et par conséquent de décadence. Après l'expulsion des rois, les plus violentes dissensions s'élevèrent entre les *patriciens* qui possédaient tous les *emplois*, et les *plébéiens* qui en étaient exclus. Pour réprimer un mal sans cesse renaissant, on eut recours à un *pouvoir unique.* Une nouvelle magistrature fut créée, dont l'autorité fut mise au-dessus des lois : comme si on n'eût pu *sauver l'Etat* que par le *sacrifice de la liberté.* Celui qui en fut revêtu s'appela dictateur *. Le dictateur condamnait sans jugement et sans appel : réunissant si bien tous les pouvoirs, que, durant sa magistrature, les autres restaient suspendus. Il n'était responsable de sa conduite, ni devant le peuple, ni devant le sénat. L'emploi fréquent que Rome se vit obligée de faire de la dictature montre si bien le peu de force qu'avait le gouvernement contre les vices de son institution, qu'on peut dire que l'Etat eût succombé mainte fois, et notamment dans la tyrannie des décemvirs, sans cette magistrature extraordinaire.

Telle était la faiblesse de cette république tant vantée, qu'à peine au bout d'un siècle elle ne put échapper que par ce moyen, ainsi qu'on vient de le dire, à l'anarchie produite par la tyrannie décemvirale qui la dévorait depuis cinq ans. Les lois n'y furent pas toujours l'expression de la volonté du peuple. On vit à Rome non seulement des assemblées convoquées illégalement, mais encore la force mi-

* Magister populi

litaire imposer à l'Etat l'autorité de ses décrets. Ce fut une aberration grossière en matière d'Etat que l'introduction de tant de germes vicieux dans les institutions politiques d'un peuple. Deux ordres rivaux continuèrent de tourmenter la république pendant plus de deux siècles, luttant sans cesse, l'un pour parvenir au pouvoir, l'autre pour le posséder sans partage. Cette lutte produisit ces dissensions violentes qui éclataient si souvent dans les assemblées populaires, troublaient au dedans le cours de la prospérité publique, et livraient l'Etat aux intrigues de ses ennemis extérieurs.

Tel était le vice *radical* de la république. Nul moyen humain ne pouvait le corriger, sans en changer la constitution. Aux démêlés sans cesse renaissans du sénat et du peuple succédèrent la passion des conquêtes, l'ambition des chefs, l'intervention de l'autorité des soldats. Rome dans les premiers temps n'était arrivée à la liberté qu'au milieu des dissensions intestines : ses *mœurs* du moins la préservaient *contre ses lois*. Sur la fin de la république l'étendue de sa puissance vint aggraver le danger des désordres civils. Les mœurs se pervertirent *, et la patrie ne fut qu'un vain nom. Enfin, au sein des factions qui la déchiraient, Rome, partout victorieuse, vit sa liberté succomber sous le génie d'un ambitieux.

* Luxuria incubuit, victumque ulciscitur orbem.

Luc

RÉPUBLIQUE DE HOLLANDE.

Le peuple, en chaque ville et en chaque province, choisissait un certain nombre de magistrats à vie; ils composaient le *sénat* de cette ville ou province.

Le sénat était investi du pouvoir suprême, chacun dans sa juridiction respective. Tous les ans chaque sénat faisait choix de deux bourguemestres pour présidens. Il choisissait les membres de l'administration civile et judiciaire.

Dans le cas où il s'agissait d'affaires générales, le gouverneur de la province avertissait la noblesse et le sénat de tous les objets en discussion, désignant le temps et le lieu où les états provinciaux devaient s'assembler. Alors chaque sénat déléguait un bourguemestre à l'assemblée des états provinciaux. La noblesse de la province en déléguait également un de son ordre. Ceux-ci votaient pour leurs constituans, d'après les instructions qu'ils en avaient reçues.

Les états provinciaux nommaient leurs gouverneurs respectifs ; c'était à ces derniers de choisir les états généraux.

Les états généraux avaient la direction de toute la confédération. Chacun d'eux votait, non pour lui personnellement, mais pour sa province.

Ce système de gouvernement ne pouvait convenir qu'à la Hollande, dont le territoire avait des divisions naturelles, et dont les populations réunissaient leurs efforts pour une émancipation commune. Il renfermait cependant plus d'un vice organique. La noblesse, quoique en petit nombre, avait ses priviléges, et ils étaient si grands que, en quelques provinces, elle suspendait l'action de l'administration de l'Etat. Si la Hollande n'avait pas été divisée en provinces, formant autant de petites souverainetés qui se balançaient mutuellement, son gouvernement n'eût pas été moins défectueux qu'aucun des gouvernemens gothiques de l'Europe.

### RÉPUBLIQUE FRANÇAISE.

Je n'ai pas l'intention de parler longuement du malheureux essai qu'on a fait, en France, du gouvernement républicain. Dans le peu de temps qu'il fut en vigueur, il parcourut, avec tant de violence, le cercle de toutes les expériences politiques, qu'il dut naturellement succomber sous ses propres excès. Ce fut la seule république dans laquelle on tenta d'introduire *violemment* dans la société, l'égalité qui faisait la base de sa législation. Sortie, sans transition, d'une monarchie absolue, elle se vit contrainte d'être le fléau de ses citoyens, et la terreur de ses voisins. Elle était l'image vivante du drame le plus épouvantable qu'on n'ait jamais vu représenter sur le théâtre politique de l'univers : il ne dura que trop long-temps sur la scène; mais c'est assez d'une fois. Puisse-t-il n'être plus représenté désormais!

### RÉPUBLIQUE DES ÉTATS-UNIS.

J'avais l'intention de donner l'analyse d'une république moderne, instituée par un peuple nouveau, dans un autre hémisphère : mais la réflexion me fait voir qu'il est inutile de s'en occuper. Tout est vieux en Europe : tout est jeune aux Etats-Unis. Ce *défaut d'analogie* suffit pour conclure que ce n'est pas en Amérique que la France doit aller chercher une forme de gouvernement. Je me bornerai donc à dire que *quand* la France, au lieu d'avoir des voisins redoutables et belliqueux, jaloux de sa puissance, de ses ressources et de sa gloire, se trouvera par miracle, comme les Etats-Unis, à l'abri, par sa distance, de tout danger, et par son étendue de toute possibilité d'être jamais un pays conquis; *quand* elle n'aura plus d'autre invasion à craindre que celle d'une poignée d'Osages ou de Chicasaux; *quand* sa population sera tellement diminuée, qu'elle ne comptera plus que *quatre* individus par *mille carré*, elle pourra sans inconvénient adopter la république fédérative telle qu'elle existe aux Etats-Unis, si elle pense que ses enfans la désireront encore quand ils sauront que le *sixième* individu de sa population est un *esclave* * qu'on peut acheter, vendre et tourmenter à son gré. Mais je crois que d'ici à ce *quand* il y a encore loin.

Maintenant, quel est, de ces divers systèmes de république, celui qu'on jugerait le plus propre à être naturalisé dans ce pays? Je ne dirai pas que c'est un désir vague de changemens, *novarum rerum cupido*, qui excite les adversaires du gouvernement, et

* D'après le cens de l'année dernière (1830), la population des Etats Unis était d'environ 12 millions, les esclaves s'élevaient à près de 2 millions

provoque à la haine des institutions actuelles, par cela seul qu'elles existent ; mais il est difficile de croire que l'opposition n'a pas quelque vue politique, tendant à substituer à ce qu'elle n'approuve pas, une théorie dont on ait déjà fait l'expérience, en quelque lieu, et pendant un certain espace de temps. Si l'opposition, ne puisant point ses lumières dans les leçons de l'histoire, veut faire l'essai d'un système inconnu jusqu'ici, qu'elle soumette au jugement de l'opinion publique la théorie de ses combinaisons politiques, afin que la discussion fasse passer la conviction dans l'esprit de ses adversaires. N'aurait-elle d'autre utopie que la vieille république de Platon? malheureusement elle n'a jamais passé par aucune épreuve de l'application. Plus malheureusement encore, Platon a déclaré que sa république n'était bonne que pour une *petite cité*, et la France est un *grand empire*, ayant 32 millions d'âmes de population!

Qu'on ne s'abuse donc plus aujourd'hui, et qu'on cesse d'en imposer à la crédulité, en vantant les avantages de cette forme de gouvernement. Celui-là se montre peu versé dans l'histoire qui croit que la *république* est nécessairement, et par sa nature, le berceau et l'asyle de la *liberté*. La liberté ne pourrait trouver place au milieu des dissensions civiles; et l'on a démontré que le vice radical de toutes les républiques anciennes était dans les *combats perpétuels* des *divers ordres* de leurs citoyens.

Ne pourrait-on pas reprocher à cette sorte de gouvernement, qu'on invoque sans cesse comme plus conforme à la dignité de l'homme, de s'être arrêtée sur la voie d'un perfectionnement social que le *christianisme* eut la gloire d'opérer? Quel triste et hideux spectacle que celui de l'*esclavage**, dans les républiques de l'antiquité! Mais, tel était souvent, grâce aux discordes de l'État, la déplorable condition des citoyens, que mieux valait encore être privé des droits de la cité, que d'avoir de si pénibles devoirs à remplir!

Il y a long-temps que Cicéron a dit: « Que les » républiques de la Grèce périrent par la *turbulence* » de leurs *assemblées populaires***; » et nous savons que la république de Rome périt autant par cette cause que par l'ambition de ses patriciens. L'homme d'Etat le plus philosophe et qui fut en même temps l'orateur le plus brillant de nos jours (Burke) a remarqué, avec raison, « que la liberté » personnelle exista sous les *monarchies* appelées » *absolues* à un degré inconnu dans les anciennes » *républiques**** ». Ces républiques furent le gouvernement le plus intolérable, parce que le pouvoir était à la fois le plus tyrannique et le plus licencieux. S'exerçant par *le peuple*, nulle force ne pouvait le punir, si ce n'est la vengeance céleste, et ses propres excès. Sont-ce là les exemples sur lesquels on s'appuie pour ressusciter parmi vous le gouvernement républicain? Quid verba audio, cùm facta video?

* Cette tache déshonore également les institutions des Etats-Unis

** Orat. pro Flacco

*** Lettres sur une paix régicide

On conçoit qu'une pure démocratie, ou une véritable république puisse être l'idole d'une jeunesse sans expérience. Dans cet âge des nobles illusions on croit que c'est la voie la plus large qui soit ouverte aux vertus et aux talens : l'ignorance partage cette erreur dans des vues d'économie peu praticable. Eh bien! un tel gouvernement n'a jamais existé, si ce n'est dans l'imagination des hommes entièrement étrangers aux matières d'Etat. Je n'ai jamais été grand admirateur des opinions politiques de Jean-Jacques Rousseau, et l'expérience ne m'a pas corrigé sur ce point. De quelque estime dont il ait pu jouir auprès d'autres esprits, il passe aujourd'hui plutôt comme un grand écrivain, que comme législateur politique : néanmoins, il a fait une remarque qui mérite d'être conservée. « S'il y avait, » dit-il, « un peuple de dieux, il se gouvernerait démocrati- » quement : un gouvernement si parfait ne convient » pas à des hommes*. » Peut-être pourrait-il régir, pendant quelque temps, une société peu nombreuse, sous la direction d'un caractère vigoureux, comme la cité d'Utique.

> When Cato gave his little senate laws;

mais il ne saurait convenir aux grandes aggrégations humaines vivant en corps de peuple ou de nation. Il ne put se maintenir même dans les petits Etats de la Grèce (Hellas) quoique tous ensemble n'occu-

* Contrat social, ch iv

passent pas un territoire d'une étendue égale à la *quatrième* partie de la France.

L'histoire des républiques de la Grèce justifie une assertion d'Aristote qui paraît un paradoxe, savoir : que « la démocratie et la tyrannie se touchent de » près*. » La vérité est que tout pouvoir qui n'a pas un principe modérateur *hors de lui-même* s'exerce dans la licence, tombe dans l'anarchie, et finit par le despotisme.

Malgré l'évidence de ces vérités historiques, il y a des esprits assez peu éclairés pour se montrer républicains. Ils doivent rabattre de leur présomption en considérant qu'un des plus grands amis de la liberté, aussi bien qu'un des plus grands génies politiques qui aient jamais paru sur la terre, Charles Fox, homme justement apprécié en France, et dont l'esprit vaste, lumineux et sûr, était capable d'aborder les plus hautes matières politiques ; dont l'éloquence et le talent jetèrent un si grand éclat dans le sénat britannique, alors qu'il comptait dans son sein les Burke, les Pitt, les Shéridan et les Windham, Charles Fox prononça ainsi son opinion touchant la difficulté de constituer *à priori* un nouveau gouvernement : « Si, » par une intervention de la Providence divine, les » sages de tous les siècles et de tous les pays pou- » vaient se réunir pour travailler à une constitution » politique, ils ne seraient pas capables de venir à » bout d'en faire une tolérable, pour quelque Etat » que ce fût. » La raison en est palpable. Une

* Polit

constitution ne *s'improvise* pas : elle est le fruit du *temps*.

Cependant combien de gens désirent ardemment de faire aujourd'hui l'essai d'une telle œuvre! et cela dans un moment où une semblable entreprise, outre le danger de l'audace et de la présomption, serait encore inutile. Les fondemens de la prospérité publique qu'on a posés en France sont mille fois préférables à tout ce que l'imagination essaierait d'enfanter d'un seul jet.

Il est également digne de remarque que les grands hommes de l'antiquité les plus éminens par leurs connaissances profondes dans l'économie politique sont d'accord sur ce point : que tout gouvernement simple et sans pondération est naturellement *vicieux*, que ce soit une monarchie, une aristocratie ou une démocratie. Ils ont généralement pensé qu'une combinaison qui réunirait les *trois* pouvoirs est la seule bonne et désirable pour l'administration d'un pays. Quel homme, si éclairé qu'il soit, aurait la présomption de repousser une autorité comme celle d'Aristote, de Polybe, de Cicéron et de Tacite? Leur jugement confirmé par l'expérience des siècles a été ratifié, dans ces temps modernes, par l'hommage des écrivains les plus profonds et des hommes d'Etat les plus expérimentés. Montesquieu et Hume, Burke et Fox : constellation brillante! Quels doutes résisteraient à la puissante raison de tant de génies! un tel foyer de lumières! quelles ténèbres ne saurait-il pas dissiper!

Les bornes d'une lettre, déjà trop longue, ne me

permettent pas de faire plusieurs autres citations; mais je ne puis m'empêcher de m'arrêter à une remarque que me fournit le souvenir d'Homère dans la description qu'il fait du gouvernement des Phéaciens*, l'amalgame des principes de monarchie, d'aristocratie et de démocratie, est aussi distinct que dans la constitution de la Grande-Bretagne.

Cicéron, auquel on ne contestera pas plus la science d'homme d'Etat que l'éloquence dont il a été déclaré prince : « Intelligendi et dicendi magister » et princeps, » Cicéron semble avoir fait une prophétique allusion au gouvernement des *deux peuples* modernes les plus civilisés, quand il prononça, pour l'instruction de l'humanité, cette opinion admirable : « Statuo esse optimè constitutam rempu» blicam, quæ ex tribus generibus illis *regali*, *optimo* » et *populari* confusa modicè **. »

La France ainsi que la Grande-Bretagne possèdent ces trois pouvoirs de l'Etat, qui forment le gouvernement; le seul que l'expérience nous montre convenir à un empire vaste, peuplé, et hautement civilisé. Un homme, doué de la plus haute intelligence, et dont vous êtes si fier avec tant de raison; qui, sans préjugé et sans passion, a mûrement examiné l'esprit de tous les systèmes politiques dont on a fait l'essai sur la terre, Montesquieu a déclaré ne pas

* Κέκλυτε Φαιήκων ἡγήτορες ἠδὲ μέδοντες.
.................... .......
Δώδεκα γὰρ κατὰ δῆμον ἀριπρεπέες Βασιλῆες
Ἀρχοὶ κραίνουσι ..............
Odyss l VIII

** Frag de Rep

connaître une forme plus parfaite de gouvernement. En parlant des améliorations dont l'ancienne constitution du pays était susceptible, il avait entrevu que la France arriverait au but que l'Angleterre avait atteint : car, suivant la belle figure historique dont il se sert : « Vous n'avez pas *bâti Chalcédoine ayant » le rivage de Byzance devant les yeux.* »

Le pouvoir royal, dérivant du droit populaire, suivant sa réforme récente, se trouve aujourd'hui sur une base plus forte et plus rationnelle. La représentation nationale est moins défectueuse chez vous que celle qui a long-temps existé parmi nous. Il ne manque à votre chambre héréditaire que d'être mise en harmonie avec les besoins du pays. Le besoin de l'Etat rend indispensable un pouvoir intermédiaire entre la couronne et le peuple. Plus ce pouvoir sera investi d'indépendance et de force, plus il sera conforme à la nature de son institution. Les sentimens généreux ne sont pas rares en France, et l'amour de la patrie est aussi un sentiment généreux. Puisque votre législation politique contient le germe de toutes les améliorations désirables, n'allez pas chercher ailleurs une incertaine prospérité. Soyez heureux et fier de ce que vous êtes. Spartam nactus es : *hanc exorna.*

J'ai l'honneur d'être,

MONSIEUR LE MINISTRE,

Votre très-humble et très-dévoué serviteur,

CHARLES TRAVERS.



IMPRIMERIE LE NORMANT FILS, RUE DE SEINE, N° 8